Expo 1900

Art Coulbeck

Kathy Rose

gagelearning

Bienvenue à l'Expo 1900

En route !

- Quels musées y a-t-il dans ta communauté ?

- Quels sont les thèmes des musées que tu connais ?

- Combien de choses peux-tu identifier dans les pages 2 et 3 ?

- De quel siècle est-ce qu'elles viennent : le dix-huitième, le dix-neuvième, le vingtième ?

- Peux-tu répondre aux questions qui accompagnent ces images ?

A Quel est ce grand bâtiment ?

B Comment s'appelle ce système d'écriture ?

C Qu'est-ce qu'on met dans ce récipient ?

VILLE de PARIS

D Dans quelle ville se trouve cette construction ?

E Qui sont ces personnages aventureux ?

Qu'est-ce qu'il y a dans ce musée ?

Comment s'appelle cette machine ?

Où est-ce qu'on peut voyager dans ce bateau ?

Qui utilise cet instrument ?

Expo 1900

**Salle B
Au service des autres**

**Salle D
Des scientifiques et des inventeurs**

**Salle C
Trois grands écrivains**

**Salle A
Deux hommes d'État**

**Salle E
À l'affiche !**

Accueil

Écoutons le mot de bienvenue.

Dans cette unité tu vas visiter un musée spécial pour faire la connaissance de plusieurs francophones célèbres du dix-neuvième siècle et tu vas apprendre des choses intéressantes au sujet de leurs réalisations.

Dans cette unité tu vas...

Communication orale

Tu vas…
- parler de francophones célèbres et de leurs réalisations ;
- jouer une scène dramatique ;
- participer à des entrevues ;
- participer à des présentations des personnages.

Lecture

Tu vas…
- lire des renseignements au sujet de plusieurs francophones célèbres du dix-neuvième siècle ;
- lire des lettres, des journaux intimes, un article de journal, une pièce de théâtre, une bande dessinée, une entrevue et des cartes postales.

Écriture

Tu vas…
- écrire des fiches biographiques ;
- écrire un article de journal.

La tâche finale :

- présenter et personnifier un francophone célèbre devant la classe.

3

Napoléon Bonaparte

En route !

- Nomme des chefs d'État canadiens et d'un autre pays.

- Qui sont les deux hommes que nous allons rencontrer dans cette salle ?

- « Liberté, égalité, fraternité » : C'est le slogan de quelle révolution ?

- Qu'est-ce que ces deux hommes ont en commun ?

Voici Napoléon Bonaparte.

Pourquoi est-il célèbre ?

Lisons cette fiche.

Napoléon Bonaparte est né dans l'île de Corse en 1769. Il va à l'école militaire et, en 1796, il est nommé chef de l'armée française. La même année, il épouse Joséphine de Beauharnais. En 1799, il prend le contrôle du gouvernement français et il se proclame empereur en 1804. En 1812, il attaque la Russie, mais il connaît sa première grande défaite. Il est envoyé en exil à l'île d'Elbe en 1814. Un an plus tard, il revient en France. Il perd la bataille de Waterloo et il est gardé prisonnier sur l'île de Sainte-Hélène. Il est mort à Sainte-Hélène en 1821.

Napoléon Bonaparte est un grand personnage de l'histoire de France. C'est un héros militaire qui apporte la victoire et la gloire à son pays. Son règne a connu beaucoup de changements : il réorganise la justice, l'administration et l'éducation en France. Il crée les lycées et la Banque de France. Napoléon est un héritier de la Révolution française, mais respecte-t-il l'idéal de la Révolution : Liberté, Égalité et Fraternité?

Prenons l'exemple de la servitude. En 1794, le gouvernement révolutionnaire vote l'abolition de la servitude en France et dans ses colonies. Huit ans plus tard, Napoléon annule cette loi. La servitude revient en France et dure encore 46 ans. Un autre exemple : en 1802, Napoléon envoie l'armée française à Haïti pour arrêter Toussaint-Louverture. Son crime : il organise une révolte contre les Européens et il crée une république haïtienne.

Toussaint-Louverture

Regardez, c'est Toussaint-Louverture, le héros de l'indépendance à Haïti ! Il y a deux vieilles lettres…

Quelques faits importants dans la vie de François Dominique Toussaint-Louverture :
- né en servitude à Haïti en 1743
- apprend à lire et à écrire
- reçoit sa liberté en 1776
- organise une révolte des Haïtiens, 1791
- abolit la servitude chez les Haïtiens, 1793
- crée la Constitution de Haïti, 1801
- nommé Gouverneur à vie, 1801
- arrêté par l'armée de Napoléon, 1802
- mort en exil en France, 1803

Le premier des Noirs au premier des Blancs,

J'étudie depuis longtemps les changements que vous faites pour le bien-être des habitants de la France. Moi aussi, sur cette petite île, je fais des changements pour le peuple haïtien. Comme les Français, nous cherchons la liberté, l'égalité et la fraternité. La liberté, cela veut dire l'indépendance. Notre île ne doit pas continuer à souffrir sous le contrôle de l'Europe. L'égalité doit exister ici entre les Noirs et les Blancs. Je suis déterminé à abolir la servitude dans ce pays. C'est la liberté qui va apporter la fraternité.

… La constitution que vous avez faite renferme beaucoup de bonnes choses, mais elle en contient aussi qui sont contraires à la dignité et à la souveraineté du peuple français.

Bonaparte

Henri Dunant et la Croix-Rouge

Salle B
Au service des autres

En route !

- Les personnages de la Salle B sont au service des autres. Selon toi, quelles sont leurs réalisations ?

- Nomme des individus ou des organismes qui aident les autres dans ta communauté.

- Quel travail bénévole fais-tu ?

Henri Dunant est né dans une famille riche à Genève, en Suisse, en 1828. Il entre dans les affaires où il a du succès. Il participe à des activités humanitaires. En 1859, Dunant va en Italie où l'empereur français Napoléon III fait la guerre. Dans la ville de Solférino, Dunant voit une terrible bataille.

En 1862, Henri Dunant écrit *Un souvenir de Solférino*. Dans ce petit livre, il décrit une terrible bataille et il souligne l'importance d'aider les blessés de guerre. Ce livre a un grand effet dans le monde. L'année suivante, des représentants de 14 nations se réunissent à Genève où ils fondent la *Croix-Rouge*. Dunant continue de travailler à sa mission : il prépare un traité international qui garantit la neutralité du personnel médical dans la guerre et un autre traité qui précise le bon traitement des prisonniers.

Puis, Henri Dunant perd tout son argent et tombe dans l'oubli. En 1901, il reçoit le prix Nobel de la paix. Il passe les 18 dernières années de sa vie dans un hospice en Suisse, mais ses réalisations humanitaires sont toujours avec nous.

- Quelle activité joue un rôle important dans la vie d'Henri Dunant ?

- Fais les activités de la page 5 de ton Cahier pour t'aider à comprendre le texte.

Louis Braille

En route !

- Nomme des monuments qui célèbrent les réalisations des gens de notre pays.

- Comment s'appelle ce système d'écriture ?

- Qui utilise cet alphabet ?

Monument à Louis Braille dans la ville de Coupvray

L'atelier du père de Louis Braille

À l'âge de trois ans (en 1812), Louis Braille est un petit garçon curieux et actif. Il veut travailler dans l'atelier de son père. Malheureusement, il se blesse avec un outil. Il devient aveugle.

Comme il est très intelligent, il apprend ses leçons à l'école en écoutant le professeur. Il va à l'école pour les aveugles à Paris. Il continue ses études, mais sa vraie ambition est de lire des livres. Pendant les vacances, il travaille jour et nuit à un système d'écriture.

Il crée aussi des codes spéciaux pour les mathématiques et la musique. En 1828, il devient professeur à l'Institution des aveugles.

Aujourd'hui, son système est utilisé partout dans le monde et Louis Braille repose au Panthéon.

Situé à Paris, cet édifice s'appelle le Panthéon. À l'origine, c'est une église. Maintenant, c'est un monument en l'honneur des grands personnages de l'Histoire : des soldats, des personnages politiques, des écrivains et des scientifiques.

- Au 19ᵉ siècle, que fait-on des déchets ménagers dans les villes ?

- Quelles sont les conséquences ?

Eugène Poubelle

Regarde, une poubelle ! Pourquoi y a-t-il une poubelle dans une exposition ?

Regarde ici ! Cet homme s'appelle Eugène Poubelle !

Le Journal de Paris
7 mars, 1884

Nouvelle loi sur les déchets

De grands changements arrivent à Paris ! Monsieur Eugène Poubelle, fonctionnaire municipal, apporte une idée révolutionnaire. Fini de jeter les déchets domestiques dans les rues ! Monsieur Poubelle propose un nouveau système : à partir du 8 mars 1884, chers Parisiens et chères Parisiennes, vous devez mettre tous vos déchets domestiques dans la cour de l'immeuble, dans un récipient en métal ! Il faut absolument arrêter de jeter les déchets par la fenêtre.

Une trompette va annoncer que les employés municipaux arrivent pour vider ces récipients.

C'est l'avis du *Journal de Paris* que cette loi est tyrannique ! Le roi Louis XVI est moins tyrannique que ce petit fonctionnaire du gouvernement et il perd la tête sur la guillotine ! Pourquoi le gouvernement municipal met-il le nez dans les déchets de Monsieur et Madame Paris? On vous invite à envoyer votre opinion au *Journal de Paris*.

Il y a une entrevue avec monsieur Poubelle.

- Quelle est l'idée révolutionnaire d'Eugène Poubelle ?

- Quelle est la réaction des Parisiens ?

8

Aristide Boucicaut

AU BON MARCHÉ

Le Bon Marché, Magasin sensationnel ! Des fleurs à toutes les belles !

J'ai rendez-vous avec monsieur Boucicaut. Où est son bureau ?

Écoute « l'homme-sandwich » qui fait la publicité du Bon Marché.

En route !

- Où est-ce que tu préfères magasiner ?

- Est-ce que tes magasins préférés offrent des cadeaux, des distractions ou des services spéciaux ?

- Qu'est-ce que *Le Bon Marché* ? Qui est Aristide Boucicaut ?

- Quelles sont les conditions de travail en 1852 ?

- Écoute une partie de l'entrevue entre le jeune homme et monsieur Boucicaut.

Aristide Boucicaut est né en 1810. Il entre dans les affaires et vient à Paris où il travaille dans plusieurs magasins.

En 1848, il épouse Marguerite Guérin et il achète une petite boutique, *La Maison du Bon Marché*. Il décide d'agrandir son magasin en 1852. Il pense à quelque chose de nouveau, de très grand.

Boucicaut demande à l'ingénieur Gustave Eiffel de construire la première grande charpente métallique pour son magasin. Cela permet l'installation des grandes vitrines qui laissent entrer beaucoup de lumière naturelle. Le Bon Marché devient le premier grand magasin du monde.

Boucicaut change la façon de magasiner. Il offre des cadeaux et des spectacles aux citoyens de Paris. Il fait même la livraison à domicile. Il motive ses employés avec des avantages révolutionnaires.

Après la mort d'Aristide en 1877, Marguerite Boucicaut continue le travail de son mari. Elle donne beaucoup d'argent à l'hôpital Boucicaut à Paris. Elle aide aussi Louis Pasteur dans ses recherches.

Étude de la langue

Les adjectifs démonstratifs

Voici **un** monument. Dans quelle ville se trouve **ce** monument ? C'est **un** instrument inventé par Laennec. Qui a besoin de **cet** instrument ?

En 1796, Napoléon est chef d'armée. **Cette** année-là, il épouse Joséphine.

Il y a **trois** hommes dans l'aventure. Qui sont **ces** hommes ?

L'adjectif démonstratif indique une chose ou une personne ————— proche ou qu'on montre mentionnée avant

Singulier		Pluriel
Masculin	**Féminin**	**Masculin et féminin**
Devant une consonne : **Ce** monument	**Cette** année	**Ces** hommes **Ces** femmes
Devant une voyelle : **Cet** instrument		**Ces** instruments

Ne... pas de

Il y a **des automobiles** au début du 20e siècle.
Il y a **du cinéma**.
Il y a **de la radio**.

Mais, au début du 19e siècle,
il n'y a **pas d'automobiles**.
Il n'y a **pas de cinéma**.
Il n'y a **pas de radio**.

Il y a **un aveugle** à la page 7.
Il n'y a **pas d'aveugle** à la page 8.
Il y a **une poubelle** à la page 8.
Il n'y a **pas de poubelle** à la page 7.

▪ À la forme négative, les articles *un*, *une*, *du*, *de la*, *de l'* et *des* sont remplacés par *de*.

Au travail !

Dans les leçons 2 à 6, tu as lu plusieurs fiches biographiques. Maintenant, tu vas préparer la fiche d'une célébrité de ton choix. Mets les renseignements suivants sur la fiche biographique :
▪ le nom
▪ la date et le lieu de naissance
▪ une description physique
▪ des traits de sa personnalité
▪ ses réalisations
▪ la date et le lieu de sa mort (s'il y a lieu)
Fais des phrases complètes.

Salle C
Trois grands écrivains

En route !

- As-tu des exemples de personnages de romans ou de films qui sont des héros ou des héroïnes ? Lesquels ?

- Connais-tu des héros dans la vraie vie ?

- Associe les titres de ces romans aux images :
  Les Trois Mousquetaires
  Les Misérables
  20 000 lieues sous les mers

Qui sont ces personnages ?

Ce sont des héros de romans.

Celui-là, je le connais. C'est un mousquetaire.

VICTOR HUGO

Victor Hugo (1802–1885) est l'écrivain français le plus populaire du 19e siècle. Il écrit des poèmes, des pièces de théâtre et des romans. C'est aussi un homme d'État. Quand il meurt, des milliers de Français sortent dans les rues de Paris pour rendre hommage à ce grand poète.

En 1862, il publie son roman *Les Misérables*, en trois parties. La première partie est si populaire qu'à l'annonce de la deuxième partie, les Parisiens attendent devant les librairies à six heures du matin.

Il existe une centaine de versions des *Misérables* pour le théâtre et le cinéma. Une comédie musicale connaît un grand succès international pendant les années 1990.

Les personnages principaux des Misérables

Jean Valjean vole du pain pour nourrir sa famille. Il est condamné à 20 ans de prison. Quand il est libéré, il décide de changer sa vie et d'aider les autres. Mais il est toujours en danger : il peut être arrêté de nouveau par…

Javert, un inspecteur de police, est déterminé à voir Valjean en prison pour le reste de sa vie. Il poursuit notre héros pendant des années.

Cosette est adoptée par Valjean. Il fait tout pour protéger la jeune fille. Elle tombe amoureuse de…

Marius, fils d'un officier. Il adore Cosette. Il se bat dans les rues de Paris avec les révolutionnaires. Pendant les combats, Valjean sauve la vie de Marius.

JULES VERNE

20 000 lieues sous les mers

En route !

- Comment est-ce qu'on voyage au 19e siècle ?

- Fais des prédictions avant de lire la bande dessinée.

- Comment est-ce que les deux hommes tombent à la mer ?

- Qui sont les autres personnages ?

- Vont-ils survivre à leur mésaventure ?

Jules Verne (1828–1905) est considéré le père de la science-fiction. Un de ses romans les plus populaires est *20 000 lieues sous les mers*, publié en 1870. Dans ce roman, Verne combine deux grands intérêts du public français : le fantastique et le progrès scientifique.

Le professeur Arronax, un scientifique français, cherche un étrange « monstre » dans l'océan. Un jour, son navire entre en collision avec un animal bizarre. Arronax tombe à l'eau, suivi par Conseil, son serviteur. Les deux hommes sont sauvés par le marin canadien Ned Land. Ned les aide à monter sur le « monstre » sous-marin.
Ce bateau est une création de l'imagination de Jules Verne, car les sous-marins n'existent pas encore au 19e siècle !

ALEXANDRE DUMAS

En route !

- Aimes-tu la fiction historique ?

- Peux-tu nommer des héros ou des héroïnes de films d'aventure ?

- Regarde les images. Dans quel siècle l'histoire a-t-elle lieu ? Quels indices vois-tu ?

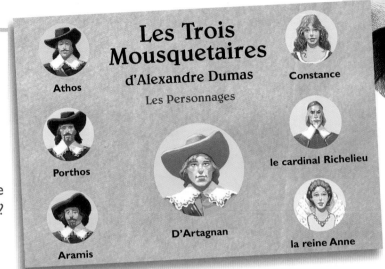

Les Trois Mousquetaires
d'Alexandre Dumas
Les Personnages

Athos
Constance
Porthos
le cardinal Richelieu
Aramis
D'Artagnan
la reine Anne

C'est l'année 1625. Un jeune homme, D'Artagnan, va à Paris pour rencontrer les célèbres Trois Mousquetaires, les meilleures épées de France et gardes du Roi. En route, il s'arrête devant une taverne. Il voit un homme en riche costume et il aperçoit un mouchoir par terre.

D'Artagnan : Monsieur, c'est votre mouchoir ?

Homme (le cardinal Richelieu) : Non, ce n'est pas mon mouchoir !

D'Artagnan : Vous êtes certain, Monsieur ?

Homme : (arrogant) NON ! NON ! NON ! Il n'est pas à moi ! C'est le mouchoir d'une dame, idiot !

D'Artagnan : Quelle insulte ! Vous avez de mauvaises manières, Monsieur ! Alors, préparez-vous au combat ! En garde !

Le méchant cardinal saisit une belle dame, qui se cache près de la taverne.

Constance : Au secours, aidez-moi ! Au secours !

D'Artagnan : Laissez cette belle dame ! Je suis à votre service, Madame ! En garde, vilain !

Constance, la dame, s'évanouit. À ce moment, trois hommes sortent de la taverne, l'épée à la main. Le cardinal laisse la dame et s'enfuit.

PORTHOS : Madame, qui êtes-vous ?

CONSTANCE : Je suis la servante de la Reine. Le cardinal Richelieu m'a kidnappée. Il conspire contre la Reine. Il a son collier de diamants. Il va donner le collier au duc de Buckingham, au nom de Sa Majesté. Puis, ses gardes vont arrêter le Duc avec les diamants : la preuve que la Reine conspire avec le duc anglais contre le Roi. Je cherche les trois mousquetaires pour nous aider.

ATHOS : (Il aide Constance à se relever.) Nous sommes les trois mousquetaires, Madame, à votre service.

D'ARTAGNAN : Je m'appelle D'Artagnan et, moi aussi, je cherche les trois mousquetaires. Je veux faire partie de votre troupe.

ARAMIS : Hum! Oui, vous avez l'air brave. Allons ensemble au château.

TOUS ENSEMBLE : Tous pour un et un pour tous ! À cheval !

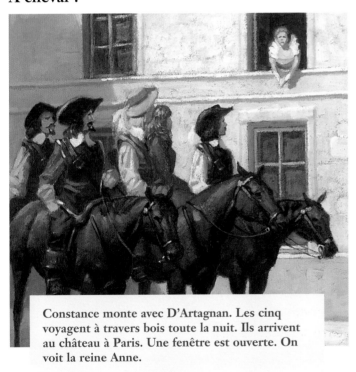

Constance monte avec D'Artagnan. Les cinq voyagent à travers bois toute la nuit. Ils arrivent au château à Paris. Une fenêtre est ouverte. On voit la reine Anne.

LA REINE : Au secours, aidez-moi ! Je suis prisonnière du vilain Richelieu. Il a mon collier de diamants. Il va rencontrer le Roi ! Je suis perdue !

ARAMIS : À votre service, Madame !

ATHOS : Nous sommes les trois mousquetaires !

D'ARTAGNAN : Et moi, D'Artagnan, le quatrième ! Il faut trouver le collier de diamants !

TOUS ENSEMBLE : Tous pour un et un pour tous !

Le cardinal Richelieu sort du château avec deux gardes.

RICHELIEU : Ah ! Encore vous ! En garde !

LES QUATRE MOUSQUETAIRES : En garde !

Un combat commence. D'Artagnan pique un des gardes. L'autre garde s'éloigne. Richelieu laisse tomber le collier de diamants par terre.

D'ARTAGNAN : TOUCHÉ ! Vous êtes coupable, Cardinal.

LA REINE : Mon collier de diamants ! Vous me sauvez la vie ! Merci !

CONSTANCE : Que vous êtes braves et courageux !

ATHOS : La Reine et la monarchie sont sauvées !

ARAMIS : À cheval, mes amis.

PORTHOS : Adieu, Mesdames.

D'ARTAGNAN : À la prochaine !

TOUS ENSEMBLE : Tous pour un et un pour tous !

Les Mousquetaires s'éloignent. La reine Anne et Constance entrent dans le château.

Louis Pasteur

Salle D
Des scientifiques et des inventeurs

Ne crachez jamais à terre

En route !

- Comment imagines-tu les conditions hygiéniques au 19e siècle ?

- Est-ce que tu bois du lait ? Quel rapport vois-tu entre Louis Pasteur et le lait ?

- Prépare-toi à écouter une conversation entre madame Boucicaut et Louis Pasteur. Comment madame Boucicaut peut-elle aider Pasteur dans ses recherches ?

Louis Pasteur est né le 27 décembre 1822, à Dole en France. C'est un élève brillant, il entre au collège à l'âge de neuf ans. Il adore les sciences physiques et la chimie. Très vite, il est nommé professeur. À la faculté de chimie, il rencontre Marie Laurent et il l'épouse en 1849. Dans ses recherches, il veut confirmer que les maladies infectieuses sont dues à des micro-organismes. Pour continuer ses recherches, il demande de l'argent à madame Boucicaut.

René Laennec

René-Théophile-Hyacinthe Laennec (1781–1826), un jeune médecin, fait une découverte révolutionnaire pour la science médicale… par hasard ! Le docteur Laennec doit examiner une jeune patiente, mais il est embarrassé. Il prend donc des feuilles de papier qu'il roule en cornet. Il met un bout du cornet à son oreille et l'autre sur la poitrine de la jeune femme pour écouter les battements de son cœur.

Il donne le nom de « cylindre » à son invention, mais plus tard on l'appelle « stéthoscope », des mots grecs pour « poitrine » et « examiner ». Aujourd'hui, le stéthoscope est associé au médecin.

René Laennec… Ah, c'est l'inventeur du stéthoscope.

Et ce scientifique, son nom a quelque chose de familier…

Oui, on trouve son nom sur les cartons de lait « pasteurisé ».

Marie Curie

En route !

- Peux-tu nommer une femme de sciences célèbre ?

- Pourquoi Marie Curie est-elle célèbre ?

Une entrevue du journal *La Réforme* et Marie Curie

La Réforme Nous publions un nouveau journal qui soutient les droits des femmes d'aujourd'hui.

Marie Curie Très bien. Qu'est-ce que vous voulez savoir ?

La Réforme Vous faites du bien pour l'humanité et vous inspirez les femmes d'aujourd'hui. Qu'est-ce qui vous motive à travailler si fort dans les sciences, un milieu traditionnellement masculin ?

Marie Curie Je suis née dans une famille studieuse, mais en Pologne les femmes n'ont pas droit à l'éducation. Voilà pourquoi je fais mes études en France. Je n'accepte pas l'attitude injuste envers les femmes.

La Réforme Vous êtes radicale, Madame ! Vous aidez aussi la cause de l'égalité et du vote des femmes. Vous êtes première de votre classe, première professeure à la Sorbonne, première à recevoir le prix Nobel. Vos réalisations sont extraordinaires !

Marie Curie Merci. Je fais mon devoir, c'est tout. Mon mari Pierre et moi, nous ne vendons pas notre radium. Nous donnons notre formule de fabrication aux États-Unis pour guérir les malades. Nous n'avons pas besoin de luxe.

La Réforme Vous êtes la mère de deux enfants et vous libérez la mode ! J'ai une photo de vous et de votre mari à bicyclette. Vous portez le nouveau « pantalon » à la mode très controversé.

Marie Curie Vraiment, la mode ne m'intéresse pas. Le pantalon est très pratique à bicyclette, c'est tout.

La Réforme Avez-vous un message pour les femmes d'aujourd'hui ?

Marie Curie Oui. Il faut étudier et travailler fort dans tous les domaines de la vie.

Gustave Eiffel

En route !

- Quels sont les emblèmes du Canada ?

- Quand on parle de Paris, à quelle image penses-tu ?

Le Bon Marché –
Le grand escalier

La Statue de la Liberté –
La charpente en fer

Gustave Eiffel dessine des ponts et des viaducs.

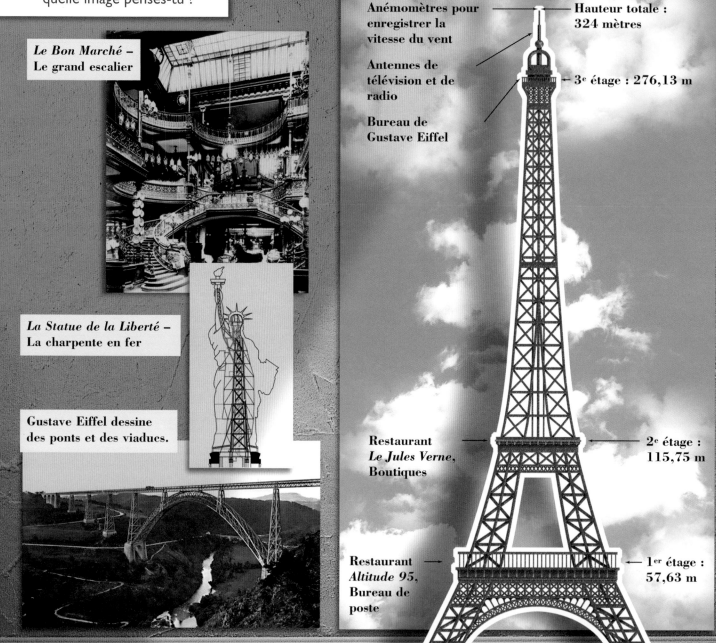

Anémomètres pour enregistrer la vitesse du vent

Antennes de télévision et de radio

Bureau de Gustave Eiffel

Hauteur totale : 324 mètres

3e étage : 276,13 m

Restaurant *Le Jules Verne,* Boutiques

2e étage : 115,75 m

Restaurant *Altitude 95,* Bureau de poste

1er étage : 57,63 m

74,23 m

124,90 m

- Aimes-tu les visites guidées ? Tu vas faire une visite de la tour avec monsieur Eiffel. Va à la page 20 de ton Cahier pour préparer ta visite.

Les frères Peugeot et Renault

En route !

▪ Quel âge a l'invention de l'automobile ?

▪ Qui sont les pionniers de l'automobile ?

▪ Au 19e siècle, qu'est-ce qui rend l'automobile populaire ?

Automobiles PEUGEOT

PARIS
83, Boul.ᵈ Gouvion S.ᵗ Cyr

Le 14 juillet 1894

Mon cher frère,

Me voici à Rouen ! C'est notre première victoire dans une course automobile. C'est une très bonne idée d'utiliser le moteur à pétrole de Panhard-Levassor. Notre Peugeot fait 14 km à l'heure ! Les voitures à vapeur et électriques n'ont pas d'avenir. De la centaine d'autos inscrites dans la course, seulement 21 réussissent à démarrer. Maintenant nous allons vendre 5 voitures. Quel succès ! Je dois parler au Petit Journal de Paris.

À bientôt,

Ton frère Armand

M. Eugène Peugeot
118, avenue des Victoires
St-Denis

Chanteloup-les-Vignes

Le 3 août 1898

Mon cher frère,

Je pense à notre première invention : l'auto dans le garage de nos parents. Maintenant nous avons l'automobile la plus rapide du monde et un grand succès commercial. Ton idée d'un véhicule à 4 roues et d'un moteur à un seul cylindre est fantastique. Il y a ici des Américains très jaloux et curieux de notre invention. Sois prudent, nous allons avoir de la concurrence. Il faut accélérer la production de notre société. J'entends déjà des rumeurs qui parlent d'un « Grand Prix ».

Sincèrement,

Ton frère Louis

M. Marcel Renault
35, rue Marengo
Neuilly-sur-Seine

Le temps PRÉSENT des verbes en -ER

Je **regard**- **e** le champ de bataille.
Où est-ce que tu **préfèr**- **es** magasiner ?
Dunant **continu**- **e** à travailler.
Nous **cherch**- **ons** la liberté, l'égalité et la fraternité.
Qu'est-ce que vous **pens**- **ez** de l'idée de M. Poubelle ?
Les Parisiens **jett**- **ent** les déchets dans les rues.

En français, les verbes sont formés d'un **radical** et d'une **terminaison**.

AIMER	
j'	**aim**- **e**
tu	**aim**- **es**
elle, il	**aim**- **e**
nous	**aim**- **ons**
vous	**aim**- **ez**
elles, ils	**aim**- **ent**

- Règle générale, le radical (**aim**-) ne change pas.
- Dans certains verbes, le radical peut changer :
  (**achet**er) j'**achè**te, nous **achet**ons
  (**jet**er) je **jett**e, nous **jet**ons
- Les terminaisons ne changent pas.
- Les terminaisons varient selon le sujet du verbe.
- Au présent, les terminaisons -*ons* et -*ez* se prononcent, les autres ne se prononcent pas.

Le temps PRÉSENT des verbes en -IR

Moi, Toussaint-Louverture, j'**aboli**- **s** la servitude à Haïti.
Marcel, tu **rempli**- **s** le réservoir de pétrole ?
Le cardinal **saisi**- **t** Constance.
Vous **choisiss**- **ez** des romans de science-fiction ?
Seulement 21 autos **réussiss**- **ent** à démarrer.
Napoléon : « Joséphine, tu **sor**- **s** avec moi ce soir ? »
Le sous-marin **sor**- **t** de l'imagination de Jules Verne.
Nous **sort**- **ons** de la classe après les cours.
Des milliers de Français **sort**- **ent** dans les rues de Paris.

FINIR	
je	**fini**- **s**
tu	**fini**- **s**
elle, il	**fini**- **t**
nous	**finiss**- **ons**
vous	**finiss**- **ez**
elles, ils	**finiss**- **ent**

SORTIR	
je	**sor**- **s**
tu	**sor**- **s**
elle, il	**sor**- **t**
nous	**sort**- **ons**
vous	**sort**- **ez**
elles, ils	**sort**- **ent**

- Le radical des verbes qui se terminent en -*ir* change au pluriel.
- Les verbes en -*ir* ont les mêmes terminaisons.
- Les terminaisons varient selon le sujet du verbe.
- Si le sujet est à la 3e personne (*elle* et *il*), le verbe se termine avec un -*t*.
- Au présent, certaines terminaisons se prononcent, d'autres ne se prononcent pas.

D'autres verbes comme *finir* : **choisir**, **réfléchir**, **remplir** et **réussir**.
D'autres verbes comme *sortir* : **dormir** et **partir**.

Le temps PRÉSENT des verbes en -RE

J' **entend- s** des rumeurs d'une grande course.
Tu **comprend- s** les instructions ?
Napoléon **perd** la bataille de Waterloo.
Nous ne **vend- ons** pas le radium.
Vous l' **entend- ez**, monsieur ?
Les Parisiens **attend- ent** devant les librairies à six heures du matin.

ENTENDRE

j'	**entend-**	**s**
tu	**entend-**	**s**
elle, il	**entend**	
nous	**entend-**	**ons**
vous	**entend-**	**ez**
elles, ils	**entend-**	**ent**

PRENDRE

je	**prend-**	**s**
tu	**prend-**	**s**
elle, il	**prend**	
nous	**pren-**	**ons**
vous	**pren-**	**ez**
elles, ils	**prenn-**	**ent**

- Le radical des verbes qui se terminent en *-re* ne change pas.
- Les verbes en *-re* ont les mêmes terminaisons.
- Les terminaisons varient selon le sujet du verbe.
- Si le sujet est à la 3e personne du singulier, le verbe se termine avec un *-d*.
- Au présent, certaines terminaisons se prononcent, d'autres ne se prononcent pas.
- Le radical des verbes comme *prendre* change au pluriel.

D'autres verbes comme *entendre* : ***attendre, descendre, perdre, répondre***, et ***vendre***.
D'autres verbes comme *prendre* : ***apprendre*** et ***comprendre***.

Au travail !

Tu vas faire une entrevue avec une célébrité !

- Échange la fiche biographique de ta célébrité (voir Leçon 7) avec un ou une partenaire.

- Lis attentivement sa fiche et prépare quelques questions pour sa célébrité.

- Utilise les renseignements de sa fiche pour préparer tes questions par écrit. Attention à la forme des verbes.

- Interroge ton ou ta partenaire au sujet de sa célébrité.

- Inversez les rôles.

Sarah Bernhardt

En route !

◼ Aimes-tu le théâtre ? Est-ce qu'on peut voir des pièces de théâtre dans ta ville ou ta région ?

◼ En groupe, discutez de l'importance des composantes d'un spectacle de théâtre : l'intrigue, les dialogues, les acteurs et les actrices, les costumes, les décors, la musique, les effets spéciaux.

◼ À ton avis, pourquoi est-ce que les enfants aiment le théâtre de marionnettes ?

> Voici Sarah Bernhardt. C'est une grande vedette du théâtre français. À la fin de sa carrière, elle joue aussi dans des films muets. Sarah Bernhardt va nous parler de sa vie et de sa carrière.

Tous les jours dans les parcs de Paris et de quelques villes françaises, les enfants vont voir des spectacles de Guignol.

Laurent Mourguet est dentiste ambulant. Il crée le personnage de Guignol pour amuser ses patients.

Bientôt, son théâtre de marionnettes est si populaire que Mourguet peut abandonner son métier de dentiste. À un seul endroit à Paris, il y a plus de 150 000 spectateurs chaque année !

◼ Tu vas faire la connaissance d'une grande actrice. Prépare des questions que tu vas lui poser.

◼ Écoute sa présentation et trouve les réponses à tes questions.

Claude Monet

- L'art visuel prend des formes différentes dans chaque culture. Peux-tu donner des exemples ?

- Nomme des peintres que tu connais.

- Qu'est-ce que tu vois dans ce tableau de Monet ?

- Quelle impression as-tu devant le tableau ? Écoute la guide.

L'artiste est né à Paris en 1840. Il aime faire la peinture en plein air, une innovation à cette époque. Il fait des expériences dans la nature avec les effets de la lumière sur l'eau. Ses tableaux ne sont pas réalistes : ils communiquent les impressions de l'artiste.

Monet travaille avec d'autres peintres qu'un journal parisien appelle « impressionnistes ». Le mot est une insulte qui suggère que les tableaux ne sont pas finis. En 1874, Monet et ses amis organisent une exposition de leurs tableaux.

Grand Vernissage
Impressions de la Nature

Le 12 avril 1874, à 20 heures
Musée Marmottan
2, rue Louis-Boilly, Paris
Les Artistes : Manet, Monet, Renoir, Pissarro,
Morisot, Sisley
Monsieur Claude Monet expose son nouveau tableau
Impression : soleil levant
Costume : Tenue de soirée
Divertissements, Musique, Rafraîchissements

En route !

- Aimes-tu aller au cinéma ?
- Est-ce que tu préfères regarder les films à la télé ou au cinéma ?
- Quels sont tes films préférés ?

Leçon 18

Les Frères Lumière

CINÉMATOGRAPHE LUMIÈRE

Paris, le 28 décembre 1895

Est-ce un rêve ? Est-ce la réalité ? Il est tard, mais je dois noter les événements de ce soir tout de suite.

Tout commence à midi. Je rencontre monsieur Antoine Lumière au restaurant. Il dit que je dois venir au Grand Café, ce soir, à neuf heures. Je vais voir une innovation révolutionnaire. Naturellement, je suis curieux, mais Antoine n'a pas l'intention de révéler son secret.

Donc, j'arrive au Grand Café à l'heure prévue. Nous sommes un petit groupe. Pour tout le monde, c'est la même histoire : une invitation mystérieuse d'Antoine Lumière.

La salle est assez petite. Il y a un petit écran blanc. C'est ça le grand mystère des frères Lumière ? Des projections ? Moi aussi, je fais des projections depuis dix ans ! Et je sors dans le froid par un soir de décembre pour regarder ça ?

Puis, il y a une photographie sur l'écran... C'est la gare Bellecoeur à Lyon. Une photo de la gare ? Soudain, un cheval marche vers nous, puis des voitures, puis des gens dans la rue ! Nous voyons une rue de Lyon, en toute animation ! Nous sommes incapables de parler... Des photographies qui bougent ! C'est vraiment l'invention du siècle !

- Dans quelle ville est-ce que le public voit un film cinématographique pour la première fois ?
- Est-ce que les premiers films sont en couleurs ou en blanc et noir ?
- Est-ce que les personnages des premiers films parlent ?

24

Je me présente

Richard aime les personnages des romans d'aventures.
Son auteur préféré est Alexandre Dumas.

- Écoute sa présentation et fais les activités de ton Cahier à la page 26.
- Observe bien ses stratégies de présentation.

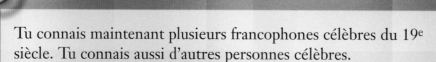

Merci de votre visite à l'Expo 1900

Tu connais maintenant plusieurs francophones célèbres du 19e siècle. Tu connais aussi d'autres personnes célèbres.

Maintenant tu vas te présenter comme une personne célèbre. Pour t'aider, regarde de nouveau les personnages de ton Livre. Lis aussi les stratégies d'écriture et de présentation à la page 29 du Livre.

Tu as déjà une fiche biographique au sujet de ton personnage célèbre. Tu as aussi les notes de ton entrevue avec le personnage.

- Donne des renseignements dans au moins 6 des catégories.

- Prépare ta présentation en phrases complètes. N'oublie pas que tu joues le rôle de ce personnage.

- Utilise une variété de verbes en *-er*, en *-ir*, en *-re* et aussi des verbes irréguliers. Utilise aussi des adjectifs démonstratifs et l'expression *ne... pas de*.

- Choisis quelques objets associés à ta célébrité (de vrais objets ou des illustrations). Vas-tu imaginer un costume pour ton personnage ?

- Répète ta présentation. N'oublie pas d'ajouter des actions et des gestes.

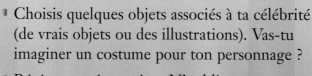

Étude de la langue

Les adjectifs démonstratifs

Voici **un** monument. Dans quelle ville se trouve **ce** monument ?
C'est **un** instrument inventé par Laennec. Qui a besoin de
cet instrument ?

En 1796, Napoléon est chef d'armée. **Cette** année-là, il épouse
Joséphine.

Il y a **trois** hommes dans l'aventure. Qui sont **ces** hommes ?

L'adjectif démonstratif indique
une chose ou une personne ———— proche ou qu'on montre
                                mentionnée avant

Singulier		Pluriel
Masculin	**Féminin**	**Masculin et féminin**
Devant une consonne : **Ce** monument	**Cette** année	**Ces** hommes **Ces** femmes
Devant une voyelle : **Cet** instrument		**Ces** instruments

Ne... pas de

Il y a **des automobiles** au début du 20e siècle.
Il y a **du cinéma**.
Il y a **de la radio**.

Mais, au début du 19e siècle,
il n'y a pas **d'automobiles**.
Il n'y a **pas de cinéma**.
Il n'y a **pas de radio**.

Il y a **un aveugle** à la page 7.
Il n'y a **pas d'aveugle** à la page 8.
Il y a **une poubelle** à la page 8.
Il n'y a **pas de poubelle** à la page 7.

▪ À la forme négative, les articles
un, une, du, de la, de l' et *des*
sont remplacés par *de*.

Le temps PRÉSENT des verbes en -ER

Je **regard- e** le champ de bataille.
Où est-ce que tu **préfèr- es** magasiner ?
Dunant **continu- e** à travailler.
Nous **cherch- ons** la liberté, l'égalité et la fraternité.
Qu'est-ce que vous **pens- ez** de l'idée de M. Poubelle ?
Les Parisiens **jett- ent** les déchets dans les rues.

En français, les verbes sont formés d'un **radical** et d'une **terminaison**.

AIMER	
j'	**aim- e**
tu	**aim- es**
elle, il	**aim- e**
nous	**aim- ons**
vous	**aim- ez**
elles, ils	**aim- ent**

- Règle générale, le radical (**aim-**) ne change pas.
- Dans certains verbes, le radical peut changer :
  (**acheter**) j'**achè**te, nous **ache**tons
  (**jeter**) je **jette**, nous **je**tons
- Les terminaisons ne changent pas.
- Les terminaisons varient selon le sujet
  du verbe.
- Au présent, les terminaisons *-ons* et *-ez*
  se prononcent, les autres ne se prononcent pas.

Le temps PRÉSENT des verbes en -IR

Moi, Toussaint-Louverture, j'**aboli-** s la servitude à Haïti.
Marcel, tu **rempli-** s le réservoir de pétrole ?
Le cardinal **saisi-** t Constance.
Vous **choisiss-** ez des romans de science-fiction ?
Seulement 21 autos **réussiss-** ent à démarrer.
Napoléon : « Joséphine, tu **sor-** s avec moi ce soir ? »
Le sous-marin **sor-** t de l'imagination de Jules Verne.
Nous **sort-** ons de la classe après les cours.
Des milliers de Français **sort-** ent dans les rues de Paris.

FINIR

je	fini-	s
tu	fini-	s
elle, il	fini-	t
nous	finiss-	ons
vous	finiss-	ez
elles, ils	finiss-	ent

SORTIR

je	sor-	s
tu	sor-	s
elle, il	sor-	t
nous	sort-	ons
vous	sort-	ez
elles, ils	sort-	ent

- Le radical des verbes qui se terminent en -*ir* change au pluriel.
- Les verbes en -*ir* ont les mêmes terminaisons.
- Les terminaisons varient selon le sujet du verbe.
- Si le sujet est à la 3ᵉ personne (*elle* et *il*), le verbe se termine avec un -*t*.
- Au présent, certaines terminaisons se prononcent, d'autres ne se prononcent pas.

D'autres verbes comme *finir* : **choisir**, **réfléchir**, **remplir** et **réussir**.
D'autres verbes comme *sortir* : **dormir** et **partir**.

Le temps PRÉSENT des verbes en -RE

J' **entend-** s des rumeurs d'une grande course.
Tu **comprend-** s les instructions ?
Napoléon **perd** la bataille de Waterloo.
Nous ne **vend-** ons pas le radium.
Vous l' **entend-** ez, monsieur ?
Les Parisiens **attend-** ent devant les librairies à six heures du matin.

ENTENDRE

j'	entend-	s
tu	entend-	s
elle, il	entend	
nous	entend-	ons
vous	entend-	ez
elles, ils	entend-	ent

PRENDRE

je	prend-	s
tu	prend-	s
elle, il	prend	
nous	pren-	ons
vous	pren-	ez
elles, ils	prenn-	ent

- Le radical des verbes qui se terminent en -*re* ne change pas.
- Les verbes en -*re* ont les mêmes terminaisons.
- Les terminaisons varient selon le sujet du verbe.
- Si le sujet est à la 3ᵉ personne du singulier, le verbe se termine avec un -*d*.
- Au présent, certaines terminaisons se prononcent, d'autres ne se prononcent pas.
- Le radical des verbes comme *prendre* change au pluriel.

D'autres verbes comme *entendre* : **attendre**, **descendre**, **perdre**, **répondre**, et **vendre**.
D'autres verbes comme *prendre* : **apprendre** et **comprendre**.

Stratégies

1. Quand tu écoutes un enregistrement

Avant l'écoute
- Analyse les indices dans ton Livre.
- Pense à tes expériences personnelles sur le sujet.
- Prédis les idées de l'enregistrement.
- Imagine les personnages.

Pendant l'écoute
- Écoute d'abord pour comprendre les idées générales.
- Remarque l'intonation des personnages.
- Essaie de reconnaître les mots connus et les mots amis.
- Concentre ton attention sur tes prédictions.
- Écoute en plusieurs parties pour comprendre les détails.

Après l'écoute
- Quelles stratégies as-tu utilisées pour t'aider à comprendre ?
- La prochaine fois, quelles stratégies vas-tu utiliser ?

2. Quand tu regardes une vidéo

Avant de regarder la vidéo
- Analyse les indices dans ton Livre.
- Pense à tes expériences personnelles sur le sujet.
- Prédis les idées de la vidéo.
- Imagine les personnages.

Pendant la vidéo
- Regarde une première fois pour comprendre les idées générales.
- Observe attentivement les décors et les vêtements.
- Remarque l'expression des personnages.
- Essaie de reconnaître les mots connus et les mots amis.
- Concentre ton attention sur tes prédictions.
- Regarde en plusieurs parties pour comprendre les détails.

Après la vidéo
- Quelles stratégies ont été utiles pour comprendre la vidéo ?
- La prochaine fois, qu'est-ce que tu vas faire pour t'aider à comprendre une vidéo ?

3. Quand tu lis un texte

Avant de lire
- Essaie de comprendre le titre et les sous-titres.
- Regarde attentivement les illustrations.
- Pense à tes expériences personnelles sur le sujet.
- Prédis les idées du texte.

Pendant la lecture
- Lis une première fois pour comprendre les idées générales.
- Concentre ton attention sur tes prédictions.
- Cherche les mots connus et les mots amis.
- Utilise le Lexique ou un dictionnaire.
- Lis le texte plusieurs fois pour comprendre les détails.

Après la lecture
- Qu'est-ce qui t'as aidé(e) à comprendre le texte ?
- La prochaine fois, quelles stratégies vas-tu utiliser ?

4. Quand tu écris un texte

Avant d'écrire
- Rassemble tes idées sur le sujet.
- Analyse un modèle.
- Prépare un plan de tes idées.

Pendant que tu écris
- Rédige d'abord un brouillon.
- Fais relire ton texte par un(e) camarade.
- Modifie ton plan, si nécessaire.
- Ajoute de nouvelles idées.
- Prépare la version finale: consulte les tableaux de grammaire; vérifie l'orthographe dans le Lexique ou un dictionnaire.

Après l'écriture
- Compare ton texte à ceux des autres élèves.
- Qu'est-ce que tu vas faire la prochaine fois ?

5. Quand tu fais une présentation orale

Avant la présentation
- Note tes idées sur le sujet.
- Fais un plan de ta présentation.
- Trouve des aides visuelles et sonores.
- Prépare des cartes aide-mémoire.
- Prépare des graphiques.

Pendant la présentation
- Regarde tous les spectateurs.
- Parle clairement et lentement.
- Mets de l'expression dans ta voix.
- Souris, fais des gestes.
- Utilise des aides visuelles et sonores.

Après la présentation
- Écoute les commentaires de la classe.
- La prochaine fois, qu'est-ce que tu vas changer dans ta présentation ?

Lexique

A

abolir *v.* to abolish

accélérer *v.* to speed up

les **affaires** *n.f.pl.* business

agrandir *v.* to enlarge

l' **air : en plein air** *expr.* outdoors

ambulant, ambulante *adj.* travelling

amoureux, amoureuse *adj.* in love

annuler *v.* to cancel

apercevoir *v.* to see, perceive

apporter *v.* to bring

arrêter *v.* to stop; to arrest

un **atelier** *n.m.* workshop

attendre *v.* to wait for

un **avantage** *n.m.* advantage, benefit

l' **avenir** *n.m.* future

aveugle *adj.* blind

un **avis** *n.m.* opinion

B

une **baleine** *n.f.* whale

une **bataille** *n.f.* battle

un **bâtiment** *n.m.* building

un **battement de cœur** *n.m.* heartbeat

se **battre** *v.* to fight

un, une **bénévole** *n.m.,f.* volunteer

un **besoin** *n.m.* need; **avoir besoin de** *expr.* to need

le **bien-être** *n.m.* well-being

se **blesser** *v.* to hurt oneself; **blessé, blessée** *adj.* injured, wounded

les **bois** *n.m.pl.* woods

bouger *v.* to move

un **bruit** *n.m.* noise

C

se **cacher** *v.* to hide

car *conj.* because

célèbre *adj.* famous

une **centaine** *n.f.* about one hundred

un **changement** *n.m.* change

une **charpente** *n.f.* framework

un **château** *n.m.* castle

la **chimie** *n.f.* chemistry

choisir *v.* to choose

un, une **citoyen, citoyenne** *n.m.,f.* citizen

un **collier** *n.m.* necklace

une **concurrence** *n.f.* competition

connaître un succès, une défaite *expr.* to experience success, defeat

construire *v.* to build

contenir *v.* to contain

contre *prép.* against

controversé(e) *adj.* controversial

un **cornet** *n.m.* cone

un **côté** *n.m.* side; **à côté de** *prép.* beside

coupable *adj.* guilty

une **cour** *n.f.* courtyard

une **course** *n.f.* race

cracher *v.* to spit

créer *v.* to create

une **croix** *n.f.* cross

D

une **dame** *n.f.* lady

un **début** *n.m.* beginning

des **déchets** *n.m.pl.* garbage

une **découverte** *n.f.* discovery

décrire *v.* to describe

une **défaite** *n.f.* defeat

démarrer *v.* to start up a car

descendre *v.* to go down; to get off

devenir *v.* to become

un **diamant** *n.m.* diamond

un **divertissement** *n.m.* entertainment

un **domicile** *n.m.* household

dormir *v.* to sleep

un **droit** *n.m.* right

dû, due à *expr.* due to, because of

durer *v.* to last

E

un **écran** *n.m.* screen

l' **écriture** *n.f.* writing

un **écrivain** *n.m.* author, writer

un **édifice** *n.m.* building

un **effet** *n.m.* effect

l' **égalité** *n.f.* equality

une **église** *n.f.* church

s' **éloigner** *v.* to move away

un **endroit** *n.m.* place

s' **enfuir** *v.* to run away

entendre *v.* to hear

envers *prép.* towards

envoyer *v.* to send

une **épée** *n.f.* sword; swordsman

une **époque** *n.f.* time period

épouser *v.* to marry

un **escalier** *n.m.* staircase

une **étiquette** *n.f.* label

s' **évanouir** *v.* to faint

un **événement** *n.m.* event

une **expérience** *n.f.* experiment

exposer *v.* to exhibit

une **exposition** *n.f.* exhibition

ⓕ - ⓖ

fabriquer *v.* to manufacture

une **façon** *n.f.* fashion, way

un **fait** *n.m.* fact

le **fantastique** *n.f.* fantasy

le **fer** *n.m.* iron (metal)

un **fonctionnaire** *n.m.* public servant

fonder *v.* to found

francophone *adj.* French-speaking

la **fraternité** *n.f.* brotherhood

garantir *v.* to assure, to guarantee

une **gare** *n.f.* railway station

la **gloire** *n.f.* glory

grec, grecque *adj.* Greek

guérir *v.* to cure

une **guerre** *n.f.* war

ⓗ - ⓘ - ⓙ

le **hasard** *n.m.* luck, chance; **par hasard** *expr.* by chance, accidentally

la **hauteur** *n.f.* height

un **héritier** *n.m.* heir, someone who inherits

un **héros** *n.m.* hero

un **homme d'État** *n.m.* statesman

un **hospice** *n.m.* residence for the elderly

humanitaire *adj.* humanitarian

une **île** *n.f.* island

un **immeuble** *n.m.* apartment building

infectieux, infectieuse *adj.* contagious

un **ingénieur** *n.m.* engineer

jaloux, jalouse *adj.* jealous

jamais *adv.* never

jeter *v.* to throw away

jusqu'à *expr.* until

ⓛ

laisser *v.* to let, allow

libérer *v.* to set free

la **liberté** *n.f.* freedom, liberty

une **librairie** *n.f.* bookstore

un **lieu** *n.m.* place; scene

une **lieue** *n.f.* league (old distance measurement)

une **livraison** *n.f.* delivery

une **loi** *n.f.* law

une **lumière** *n.f.* light

le **luxe** *n.m.* luxury

un **lycée** *n.m.* secondary school

ⓜ

une **maladie** *n.f.* disease

une **marionnette** *n.f.* puppet

méchant, méchante *adj.* bad, evil

un **médecin** *n.m.* doctor

mener *v.* to lead

un **métier** *n.m.* profession, job

mettre *v.* to put

un **milieu** *n.m.* setting

des **milliers** *n.m.pl.* thousands

la **mode** *n.f.* fashion

moins *adv.* less

une **mort** *n.f.* death

mort, morte *adj.* dead

motiver *v.* to motivate

un **mouchoir** *n.m.* handkerchief

mourir *v.* to die

un **mousquetaire** *n.m.* musketeer

muet, muette *adj.* silent

un **musée** *n.m.* museum

ⓝ - ⓞ

nager *v.* to swim

un **navire** *n.m.* ship

né, née *adj.* born

nettoyer *v.* to clean

un **nez** *n.m.* nose

noter *v.* to write down

nourrir *v.* to feed

obliger *v.* to require

l' **oubli : tomber dans l'oubli** *expr.* to fall from public view

un **outil** *n.m.* tool

P

la **paix** *n.f.* peace

partir *v.* to leave; **à partir de** *expr.* from this time on

partout *adv.* everywhere

un **pays** *n.m.* country

la **peinture** *n.f.* painting (art form)

perdre *v.* to lose

permettre *v.* to allow, to permit

un **personnage** *n.m.* character

un **peuple** *n.m.* population, nationality

la **peur** *n.f.* fear; **avoir peur** *expr.* to be afraid

une **pièce de théâtre** *n.f.* play

piquer *v.* to jab, to prick

plusieurs *adj.* several

la **plupart** *n.f.* the majority

une **poitrine** *n.f.* chest

la **Pologne** *n.f.* Poland

un **pont** *n.m.* bridge

une **poubelle** *n.f.* garbage container

poursuivre *v.* to pursue

préciser *v.* to specify

une **preuve** *n.f.* proof

prévu, prévue *adj.* arranged

une **prime** *n.f.* bonus

se **proclamer** *v.* to proclaim

protéger *v.* to protect

R

un **radical** *n.m.* verb stem

un **rafraîchissement** *n.m.* refreshment

la **raison : avoir raison** *expr.* to be right

ramasser *v.* to pick up

une **réalisation** *n.f.* accomplishment

recevoir *v.* to receive

des **recherches** *n.f.pl.* research

un **récipient** *n.m.* container

un **règne** *n.m.* reign, period of power

réfléchir *v.* to think, to reflect

une **reine** *n.f.* queen

se **relever** *v.* to get up

rencontrer *v.* to meet

rendre hommage à *expr.* to pay tribute to

renfermer *v.* to include

des **renseignements** *n.m.pl.* information

rentrer *v.* to return

répondre *v.* to answer

un, une **rescapé, rescapée** *n.m.,f.* rescued person

rester *v.* to stay

se **réunir** *v.* to meet, to come together

réussir *v.* to succeed

un **rêve** *n.m.* dream

révéler *v.* to reveal

un **roi** *n.m.* king

un **roman** *n.m.* novel

S

saisir *v.* to seize

sauver *v.* to save

savoir *v.* to know (a fact)

un, une **scientifique** *n.m.,f.* scientist

scientifique *adj.* scientific

un **serviteur** *n.m.* servant

la **servitude** *n.f.* forced labour

un **siècle** *n.m.* century

sortir *v.* to go out

souffrir *v.* to suffer

sous-marin *adj.* submarine

soutenir *v.* to support

un **souvenir** *n.m.* memory

la **souveraineté** *n.f.* self-rule

un **spectacle** *n.m.* show, performance

suivant, suivante *adj.* following, next

 T - V

un **tableau** *n.m.* painting (piece of art)

la **tenue de soirée** *n.f.* formal dress

une **terminaison** *n.f.* ending

un **traité** *n.m.* treaty, agreement

un **traitement** *n.m.* treatment

se **trouver** *v.* to be located

la **vapeur** *n.f.* steam

une **vedette** *n.f.* celebrity, star

vendre *v.* to sell

venir *v.* to come

un **vernissage** *n.m.* art, or gallery preview

un **viaduc** *n.m.* viaduct

une **victoire** *n.f.* victory

vider *v.* to empty

un **vilain** *n.m.* villain; **vilain, vilaine** *adj.* bad

la **vitesse** *n.f.* speed

la **vitrine** *n.f.* store window

voler *v.* to steal